Birgit Minichmayr

Alle mögen Pauli

20 Schäfchengeschichten
für Kinder ab 3 Jahren

Impressum

Bestell-Nr.: 52 50112
ISBN 978-3-86773-132-4

Alle Rechte vorbehalten
© 2011 cap-books by cap-music
Oberer Garten 8
D-72221 Haiterbach-Beihingen
07456-93930
info@cap-music.de
www.cap-music.de

Illustrationen: Tanja Vamos
Satz: cap-books, Claudia Kirschner

Dieses Buch gehört:

Emilia

Ein Geschenk von:

Inhaltsverzeichnis

Das ist die
Familie Wolliweiß

Hallo! Schön, dass du dieses Buch von Pauli und seiner Familie aufgeschlagen hast!

Ich mag das Schäfchen Pauli, seine Mama, seinen Papa, seine Oma, seinen Opa und seine kleine Schwester Mariechen sehr gern! Und natürlich den Hirten Florian! Ich hoffe sehr, du magst sie alle genauso gerne wie ich!

Dann werden dir nämlich die folgenden Seiten viel Freude machen und das wiederum macht mich froh. Und natürlich auch Tanja, die den Pauli und alle anderen so toll gemalt hat!

Du merkst schon, wer hier die Hauptperson ist, nicht wahr? Es ist unser

Pauli.

Pauli Wolliweiß ist ein kleines schwarzes Schäfchen. In diesem Buch darfst du ihn ein bisschen besser kennenlernen. Du wirst sehen, wie neugierig der Pauli ist! Immer will er neue Dinge entdecken und dabei kommen ihm ganz viele gute Ideen!

Er hat seine Familie Wolliweiß sehr lieb und natürlich besonders seinen Hirten Florian. Der nennt ihn öfter mal zärtlich „mein kleiner Struwelpuwel!". Das findet Pauli am schönsten! Manchmal passieren dem Pauli auch schlimme Sachen, aber gerade dann weiß er, dass er immer zu seinem Hirten kommen darf und dass dann auch alles wieder gut wird.

Und da ist er:

Florian, der Hirte.

Florian ist ein sehr guter Hirte. Er sorgt für seine Schafe und passt wunderbar auf die ganze Herde auf. Jedes einzelne Schaf kennt er beim Namen und er ruft sie gerne und oft. „Pauli, mein kleiner Struwelpuwel! Mariechen, mein Schatz! Mama Wolliweiß! Papa Wolliweiß!" Er liebt seine Schäfchen sehr und hat immer wieder tolle Ideen, wie er ihnen helfen oder ihnen Freude machen kann.

Florian ist stark und gescheit. Jeden Tag ist er bereit, alles für seine Schafe zu tun. Er würde sogar sein Leben für sie einsetzen. Er beschützt sie vor allen Gefahren und gibt ihnen genug Futter und Wasser. Er ist der beste Hirte auf der ganzen Welt! Finden jedenfalls seine Schafe.

Wie zum Beispiel das kleine

Mariechen.

Mariechen ist die kleine weiße Schwester vom schwarzen Schäfchen Pauli. Mariechen sieht einfach süß aus. Sie liebt die hübsche Halskette, die der Hirte Florian ihr einmal geschenkt hat. Manchmal allerdings ist Mariechen ängstlich und macht sich schnell Sorgen. Wie gut ist es dann, dass sie sich ihrem guten Hirten anvertrauen kann!

Mariechen bewundert ihren Bruder Pauli, der immer viel mutiger ist als sie. Aber Florian sagt, es macht nichts aus, dass sie nicht so mutig ist. Manchmal ist es auch besser, vorsichtig zu sein. Und jeder ist halt anders und besonders auf seine Art.

Mariechen hat ein Lieblingslied. Das hat der Hirte Florian einmal für sie gesungen, als sie sich nicht traute, durch einen Bach zu schwimmen. Seither muss der Hirte das Lied immer wieder für sie singen. Es schenkt ihr Zuversicht und viel Freude.

Sehr wichtig für den Pauli sind auch

Mama und Papa Wolliweiß.

Die beiden kleinen Schäfchen Pauli und Mariechen haben ja auch Schafeltern. Die heißen Mama Wolliweiß und Papa Wolliweiß und gehören auch zur Herde des Hirten Florian.

Eigentlich haben sie es sehr gut, weil der Hirte ihnen immer hilft, auf ihre Kinder aufzupassen. Und auf den Pauli muss man manchmal ganz schön aufpassen, weil er immer so viele Ideen hat. Nicht alle Ideen sind immer sehr vernünftig.

Mama Wolliweiß hat ein wuscheliges weißes Fell und wenn der Pauli sich bei ihr anschmiegt, dann ist das ganz kuschelig und fein.

Der Papa Wolliweiß hat auch weißes Fell, aber er hat auch ein bisschen schwarzes Fell. Er ist sozusagen schwarz-weiß gefleckt, was sehr hübsch aussieht.

Mama und Papa Wolliweiß haben sich sehr lieb und plaudern auch immer gerne miteinander. Pauli findet, dass Mama Wolliweiß sich zu viele

Sorgen um ihn macht. Aber manchmal hat sie natürlich auch recht.

Mama Wolliweiß versucht dem Pauli beizubringen, dass er gut zuhören soll, wenn sie ihm etwas sagt, und dass er das dann auch tun soll.

Wenn sie zum Beispiel sagt: „Geh nicht auf die Brücke, die ist gefährlich, der Hirte hat es verboten", dann möchte sie, dass der Pauli auf sie hört und auch gehorcht. Pauli bemüht sich. Immer geht's nicht, aber immer öfter.

Nicht vergessen wollen wir

Oma und Opa Wolliweiß.

Oma und Opa Wolliweiß sind schon sehr alt. Sie brauchen oft Hilfe vom guten Hirten Florian. Denn manchmal sind sie krank oder ihre alten Knochen tun ihnen weh. Das kleine schwarze Schäfchen Pauli bemüht sich, recht lieb zu Oma und Opa Wolliweiß zu sein. Das hilft den beiden nämlich auch.

Oma Wolliweiß kann ganz tolle Geschichten erzählen. Die hat ja schon so viel erlebt, viel mehr als der Pauli. Und wenn sie erzählt, dann hören Pauli und auch sein Schwesterchen Mariechen ganz gespannt zu. Opa Wolliweiß bringt die kleinen Schäfchen immer wieder zum Lachen, weil er so viele lustige Sachen weiß und so gerne Späßchen macht.

Ja, jeder ist wichtig in der Herde des Hirten Florian und alle haben sich sehr gern.

Über diese Herde gibt es wirklich eine Menge Geschichten zu erzählen. Das hängt wohl damit zusammen, dass der Pauli so viele Ideen hat und auch so mutig ist, sie auszuprobieren.

Es gibt noch einen Grund, warum ich dir diese Geschichten so gerne erzähle: Ich mag den guten Hirten Florian. Der hat seine Schafe so lieb und ist so gescheit und so tapfer und so toll und so stark. Das wirst du sicher auch sagen, wenn du erst mal alle Geschichten gehört hast, die ich zu erzählen weiß.

Jetzt hätte ich aber noch eine Frage an dich: Hast du schon mal ein richtiges Schaf gesehen? Vielleicht ein weißes oder ein schwarzes Schaf? Oder ein weiß-schwarz Geflecktes? Schafe kannst du bei uns auf dem Land oft beobachten. Aber einen richtigen Hirten gibt es hier meist nicht. Die Schafe sind einfach auf einer Weide, mit einem Zaun rundherum, und der Bauer holt sie abends in den Stall. Den ganzen Tag über sind die Tiere allein auf der saftigen Wiese.

Wie all die Schafe, die du schon gesehen hast, schläft auch der Pauli nachts meist in einem Stall. Tagsüber läuft er gerne auf der Wiese herum, die von einem braunen Holzzaun umgeben ist. Das ist sein Zuhause. Aber in dem

Land, in dem Pauli lebt, gibt es nicht so viel grünes Gras wie bei uns. Das ist ein Problem. Denn nur auf einer Wiese würden die Schafe nicht immer genug Futter finden. Deshalb haben Pauli und seine Familie einen Hirten. Und dieser Hirte Florian wandert mit seinen Schafen auch mal zu anderen Weiden. Immer sucht er die besten Plätze für seine Tiere aus und ruft sie beim Namen, damit sie ihm folgen, wohin er auch geht. Vielleicht ist der Pauli deshalb so klug geworden, weil er schon so viele verschiedene Wiesen gesehen hat!

Am Abend, wenn es dunkel wird, dann hat der Pauli einen Lieblingsplatz: Ganz nahe beim Hirten Florian. Der Mantel des Hirten ist ein bisschen rau und auch schon ein bisschen alt. Aber das macht dem Pauli gar nichts aus. Dafür riecht der Mantel so richtig gut nach Hirte, und das ist ein herrlicher Geruch, da fühlt sich der Pauli gleich ganz sicher. Dann legt der Hirte meistens seine starke Hand auf Paulis Kopf und lächelt: „Na, mein kleiner Struwelpuwel! Hattest du einen guten Tag? Ist dein Bäuchlein voll? Und die Augen, uhhh, die fallen dir gleich zu. Ich pass auf dich auf, schlaf du nur ruhig ein." Und dann gibt es keinen besseren Ort auf der ganzen Welt, um die Augen zuzumachen und von neuen Abenteuern zu träumen.

So, ich hoffe, du hast auch einen kuscheligen, feinen Ort, an dem du dich gerade wohl fühlst. Denn nun will ich mit dem Erzählen der ersten Geschichte beginnen:

Ein Schatz für
den Hirten Florian

Die Frühlingssonne scheint warm und das kleine schwarze Schäfchen Pauli ist so herrlich fröhlich! Er trabt auf der Wiese mal nach links und mal nach rechts. Immer wieder streckt er sein schwarzes Näschen hoch in die Luft und versucht mit geschlossenen Augen den Zaun entlang zu laufen. Es ist herrlich, den leichten warmen Wind im Fell zu spüren. „Wie ist es doch schön, zu leben, mäh, mäh, ich bin ein glückliches Schaf, mäh, mäh!"

Da kommt dem Pauli plötzlich eine gute Idee: „Mäh, mäh, struwelpuweley! Ich habe doch

den Hirten Florian so lieb! Ich möchte ihm eine große Freude machen! Ich werde einen Schatz für ihn suchen!"

Gedacht, gesagt, getan. Pauli richtet seine Augen auf den weichen Boden vor ihm und beginnt seine Suche. Zuerst entdeckt er einen krabbelnden braunen Käfer. Ob das wohl ein guter Schatz wäre?

Nein, er ist sich nicht sicher. Der Käfer ist zu krabbelig und auch zu schnell.

Pauli sucht weiter. Da erblickt er etwas Tolles: ein schimmerndes weißes Schneckenhaus. „Hallo, ist da jemand zu Hause?" Pauli gibt dem Schneckenhaus einen Stups, um hineinsehen zu können. Nein, niemand daheim. Das wunderschöne Häuschen ist leer. Das ist doch ein wunderbarer Schatz! Pauli nimmt es ganz vorsichtig und trägt es zum Stall. Dort will er einen ganz besonderen Pauli-Schatzplatz suchen.

Ahh, hinter dem Stall steht ja der blaugestreifte Lieblingsstuhl des Hirten. Florian ist wohl gerade im Stall, denn der Stuhl ist leer. Pauli legt das glänzende Schneckenhaus auf den Stuhl und dann pflückt er noch die schönsten Blumen, die er finden kann: gelbe Löwenzahnblüten, kleine blaue Veilchen und auch zwei strahlend rote Mohnblumen. Das Schäfchen ist ganz vertieft in sein Kunstwerk. Er legt einen Blumenkranz rund um den Schatz. Das sieht echt wunderschön aus. Gerade als Pauli fertig ist, hört er, wie die Tür des Stalles sich öffnet und wieder schließt. Schritte nähern sich. Die Schritte seines Hirten Florian. Pauli versteckt sich schnell hinter dem Stuhl.

„Ja was ist denn das? Da war ja ein Künstler am Werk! Das ist ja wunder-wunderschön!" Der Hirte ist richtig begeistert, seine Augen leuchten. Pauli wird es vor Freude ganz kribbelig zumute. Er springt mit einem Satz hinter dem Stuhl hervor und ruft: „Für dich, alles für dich, weil du der beste Hirte der Welt bist!"

Da lacht der Hirte und krault seinem Schäfchen den Kopf: „Und du bist der beste Pauli-Struwelpuwel der Welt!"

Diese Überraschung ist dem kleinen Schäfchen aber wirklich gut gelungen!

Pauli ist eifersüchtig

Das kleine schwarze Schäfchen Pauli liebt seine kleine weiße hübsche Schwester Marie. Sie ist fast immer bereit, Pauli bei all seinen Abenteuern zur Seite zu stehen. Mariechen bewundert nämlich ihren Bruder: „Pauli, du bist einfach der tollste große starke Bruder, den sich ein Schafmädchen nur wünschen kann! Du bist echt struwelpuwel-cool!"

Wie immer weckt der gute Hirte Florian alle seine lieben Schafe, indem er ihre Namen ruft: „Mama Wolliweiß, guten Morgen! Papa Wolliweiß, aufhören zu schnarchen, die Sonne ist schon aufgegangen! Pauli, hast du gut geschlafen? Mariechen, mein kleiner Schatz!"

Hat der Hirte Florian da eben zu Mariechen „Mein kleiner Schatz!" gesagt, und zu Pauli nicht? Ja, Pauli ist sich ganz sicher, dass er richtig gehört hat. „Mein kleiner Schatz!" Hat der Hirte etwa Mariechen lieber als ihn, den Struwelpuwel-Pauli? Ein ganz komisches Gefühl macht sich in seinem Bauch bemerkbar. Irgendwie so, als würde er in eine saure Zitrone beißen. Er schüttelt sich und dreht sich um, um seiner Mama einen wunderschönen guten Morgen zu wünschen. Doch diese ist gerade dabei, liebevoll am schneeweißen Fellchen von

Mariechen zu schnuppern. Sie flüstert irgendetwas. Pauli kann sie nicht genau verstehen,
aber es klingt ein bisschen wie „Mein Liebling"
oder vielleicht auch: „Mein Sonnenschein"?

Da kriecht ein schlimmer Ärger in Pauli hoch.
Er drängelt an Opa Wolliweiß vorbei, der gerade versucht, wieder auf die Beine zu kommen.
„Hoppla, mein Junge, nicht so wild!" „Pah!",
schreit Pauli nur und stößt die Tür des Stalles
auf. Kaum ist er draußen angekommen, fällt
ihm ein großer Eimer auf. Ah, da hat der Hirte
Florian gestern die ersten Kirschen gesammelt,
schön rot und saftig! Da kommt dem Pauli eine
einzigartig gute Idee! Denkt er jedenfalls.

Er versteckt sich hinter dem Eimer und wartet.
Ziemlich lange muss er warten, aber schließlich ist es soweit. Die Stalltür öffnet sich. Mariechen schnuppert und tritt dann vorsichtig
ins Freie. Das ist Paulis Augenblick: Er stürzt
den Eimer um und die reifen runden Früh-
lingskirschen rollen auf den Weg! Mariechen
erschrickt, rutscht auf den matschigen kleinen Kugeln aus und landet unsanft auf dem
Boden: „Aua, was war denn das?"

Mariechen rappelt sich wieder hoch, doch nun
ist ihr weißes Fellchen über und über mit roten Flecken bedeckt. Pauli beginnt laut zu la-

chen. Da blinzelt seine kleine Schwester und langsam kullern zwei dicke Tränen aus ihren schönen dunklen Augen. Pauli hört auf zu lachen. Das hat er nicht gewollt. Auf einmal weiß er gar nicht mehr, warum er das überhaupt getan hat. Er liebt doch sein Mariechen. Und nun ist er schuld an ihren Tränen.

Plötzlich ist der Hirte da. Er streichelt über Mariechens Kopf und wischt vorsichtig die Tränen ab. „Hast du dir weh getan, mein kleiner Schatz?" „Mäh, mäh, nein, eigentlich nicht, aber der Pauli, schnüff, der Pauli ist so gemein!" Florian nickt, er versteht. „Ich glaube, dem Pauli tut jetzt schon leid, was er getan hat. Sieh mal, wie er den Kopf hängen lässt. Pauli! Komm doch mal her!" Langsam und traurig tappt das schwarze Schäfchen näher.

„Pauli, du verstehst doch, dass du etwas falsch gemacht hast, oder?" Der Pauli nickt bedrückt. „Ja, mäh, mäh." „Pauli, du brauchst keine Angst zu haben, dass ich Mariechen lieber haben könnte als dich. Ich liebe doch alle meine Schafe gleich. Komm her, mein kleiner Struwelpuwel!" Da stolpert Pauli in die Arme seines Hirten. Der krault ihn hinter den Ohren, weil der Pauli das so gerne mag und schimpft kein bisschen. Kannst du dir das vorstellen? Obwohl Pauli so böse gewesen ist, hat Florian so liebevolle Worte für ihn! Er kennt den Pauli einfach voll und ganz. So lieb ist der Hirte.

Da weiß Pauli auf einmal, was er zu tun hat: „Mariechen, es tut mir sooooo leid! Bitte, verzeih mir! Mäh, mäh! Darf ich dir helfen, die Flecken abzuwaschen?" Mariechen ist einverstanden. Seite an Seite trippeln sie zum Waschtrog. Alles ist wieder gut!

Der Regenbogen

Einmal ist im Mai ganz komisches Wetter. Heftiger Regen und Sonnenschein wechseln sich ab. Kaum sind die Schafe im Stall, um sich vor den vielen Wassertropfen in Sicherheit zu bringen, kommt schon wieder die Sonne hinter den Wolken hervor und lockt alle ins Freie. Dann genießen sie das frische Gras, bis der nächste Regenguss kommt und sie wieder schnell

unter das Dach flüchten müssen. Einige Male geht das so. Regen, Sonne, Regen, Sonne. Der kleine schwarze Pauli findet das ganz unterhaltsam.

Doch dann passiert etwas ganz Wundervolles. Pauli guckt nach einem Regenschauer aus dem Stall. Der Wind bläst, die grauen Wolken bewegen sich am Himmel. Da bahnen sich die warmen Sonnenstrahlen wieder einen Weg auf die Erde. Plötzlich sieht Pauli Farben: rot und

orange und lila und grün. Die Farben bilden einen großen prächtigen Bogen über dem Wald. Pauli ist völlig überwältigt von der Schönheit der Erscheinung. „Mäh, mäh, Mama, Papa, Mariechen! Kommt alle schnell her! Da ist ein Farbenzirkus!"

Die Schafe drängen sich zur Tür hinaus und schauen staunend in die glänzende Farbenpracht. Der Hirte Florian kommt dazu und lächelt geheimnisvoll.

„Dies ist ein Zeichen, meine Lieben. Ein Zeichen meines Vaters im Himmel. Er liebt uns. Er wird immer für uns da sein. Er hat sich das ausgedacht."

„Struwelpuweley. Wow. Das ist schon ein toller Vater im Himmel! Mäh, mäh!"

Dann läuft der Pauli mitten auf die Wiese, das Wasser in den Pfützen spritzt dabei seinen Bauch nass. Ihm macht das gar nichts aus. Er streckt seinen Kopf nach oben, blickt dabei auf den wunderschönen Regenbogen und ruft ganz laut: „Das hast du echt struwelpuwel-toll gemacht! Mir gefällt dein Regenbogen super gut! Danke!"

Dem guten Hirten Florian fällt noch ein Lied ein. Das singt er seinen Schäfchen mit seiner tiefen, gütigen Stimme vor:

Guter Gott, ich sag dir heut,
dass der Regenbogen
dort am blauen Himmelszelt
mir wirklich gut gefällt!
Ich sag' danke für den Regenbogen,
ich sag' danke für den Sonnenschein,
ich sag' danke für die Regentropfen,
es ist schön, auf dieser Welt zu sein!

Pauli rettet einen Regenwurm

Den ganzen Tag schon hat es leicht geregnet und am Abend sind viele große Pfützen auf der grünen Weide. Auch der Weg zum Stall ist schlammig und rutschig geworden. Der gute Hirte Florian hat seine Schäfchen dennoch für einige Stunden draußen fressen lassen. Sie haben ja alle ein dickes wolliges Fell und ein bisschen Nässe macht ihnen eigentlich wenig aus. Nur jetzt, beim nach Hause gehen zum Stall, ist es für die älteren Schafe schwierig. Du kannst dir sicher vorstellen, wie die Beine von Oma Wolliweiß rutschen. Sie bleibt ängstlich stehen und versucht verzweifelt, nicht umzufallen!

Wie gut, dass der Hirte Florian immer da ist, um zu helfen. Sofort ist er bei Oma Wolliweiß und stützt sie so gut es geht. „Gemeinsam schaffen wir das schon, Oma Wolliweiß! Hab nur Vertrauen!" Oma Wolliweiß kennt ihren Hirten ja schon so gut. Sobald er in ihrer Nähe ist, ist alle Angst wie weggeflogen. Sicher erreichen die beiden den warmen trockenen Stall, wo der Hirte schon frisches, duftendes Stroh eingestreut hat.

So geleitet Florian ein Schaf nach dem anderen sicher zum Stall. Währenddessen hat der kleine schwarze Pauli Zeit, sich ein wenig umzusehen. Da hört er ein zartes Stimmchen: „Vorsicht!"

Pauli blickt sich um, doch er kann niemanden entdecken.

„Vorsicht, ich bin hier unten!" Paulis Augen suchen aufmerksam den Boden vor sich ab. Matsch, Dreck, Schlamm…, und da: Ein brauner, ziemlich langer Regenwurm.

„Tritt nicht auf mich drauf! Das würde ich nicht überleben!"

Pauli legt den Kopf schief und flüstert dann leise, um den Wurm nicht zu erschrecken: „Ich bin schon vorsichtig! Hab keine Angst!"

Wieder hört Pauli das Stimmchen: „Ich habe aber große Angst! Eine ganze Schafherde ist unterwegs und ich kann nicht zurück in meine Erdhöhle, weil die voll Wasser ist. Da müsste ich ertrinken! Aber hier oben ist es auch schrecklich gefährlich! All die großen Hufe! Ein Tritt und mit mir ist es vorbei!"

Pauli ist wirklich ein sehr hilfsbereites Schäfchen. Er überlegt. Vielleicht könnte er den ängstlichen kleinen Wurm ja zur Seite bringen. Dort wäre er wohl in Sicherheit! Er stellt seinen eigenen kleinen Huf direkt neben den Regenwurm.

„Komm, kleiner Freund, krieche an meinem Bein hoch, dann kann ich dich zu dem großen Baum dort tragen!" Der Regenwurm weiß, dass dies seine einzige Chance ist und so beginnt er, an dem Beinchen des Pauli hochzuklettern.

Pauli kichert. Das kitzelt ja ganz furchtbar. Es ist schrecklich schwierig, ruhig zu halten. Er darf ja nicht einmal zappeln. Endlich ist der Wurm hoch genug gekommen. Ganz langsam und achtsam tappt Pauli ein paar Schritte zur Seite. Gleich neben dem großen alten Baum kriecht der neue kleine Freund wieder auf den Boden. „Hihi, huhu, das kitzelt ganz furchtbar! Beeil dich! Hihihihi!"

Endlich hat „Wurmi" den Boden erreicht: „Danke, du hast mir das Leben gerettet, großes schwarzes Schaf!" Pauli kann sich nun nach Herzenslust schütteln und alle Kitzeligkeit abzappeln. Er lacht und freut sich: Es ist so schön, jemandem wirklich helfen zu können!

Ein Gedicht
für Opa Wolliweiß

Opa Wolliweiß geht es seit ein paar Tagen nicht so gut. Sein Rücken tut ihm weh und so seufzt er immer wieder laut. Er will gar nicht mehr aus dem Stall heraus, obwohl die warme Junisonne lockt. Der gute Hirte Florian bringt ihm sein Futter und versucht ihn zu trösten. Opa Wolliweiß ist das älteste Schaf in Florians Herde.

Pauli und Mariechen merken, dass der Opa irgendwie traurig ist. Rückenschmerzen müssen wohl echt schlimm sein. Mindestens so schlimm wie Bauchweh. Sie überlegen, ob sie ihren Opa nicht mit irgendetwas aufmuntern können. Sie müssen lange nachdenken. Doch dann haben sie eine gute Idee!

Den ganzen Nachmittag stecken sie ihre Köpfe zusammen und arbeiten gemeinsam an einem Geheimnis. Fast hätten sie dabei vergessen, genug Gras zu fressen. Doch als die Sonne gerade beginnt unterzugehen, sind sie fertig. Geheimnisvoll schleichen sie gemeinsam in den Stall, wo Opa Wolliweiß auf frischem Stroh liegt und sich langweilt.

Pauli und Mariechen stellen sich nebeneinander vor den überraschten Opa und dann ertönt in dem warmen Stall ein ganz neues, tolles, echt wunderbar geniales Opa-Gedicht. Möchtest du es gerne hören? Es geht so:

Lieber Opa, dies Gedicht,
klein und fein,
ist es dein,
und im Stall ist es dein Licht.

Schließ die Augen, schlaf nicht ein,
stell dir vor,
dieses Tor,
es geht auf und du darfst rein.

Eine Wiese, saftig frisch,
Blumenpracht,
Wind ganz sacht,
und ein reich gedeckter Tisch.

Ohne Zweifel, das ist schön,
Schmerzen fort,
Segensort,
und du kannst nun wieder geh'n!

Opa Wolliweiß hat nun wirklich die Augen geschlossen und stellt sich vor, wie es wäre, ohne Schmerzen gehen zu können. Er fühlt sich sehr getröstet.

„Liebe Kinder, das ist ein wunderschönes Gedicht! Ich danke euch sehr!" Er lächelt und sieht gar nicht mehr so traurig aus. Pauli und Marie lieben dieses Opa-Lächeln. Sie werden übermütig und kitzeln ihren Opa fröhlich mit einem langen Grashalm. Bald schallt lautes Lachen aus dem Stall, sodass schließlich die ganze Familie Wolliweiß zur Tür rein guckt.

Die zerbrochene Tasse

Mittags ist es im Sommer immer sehr heiß. Auch auf der Schafwiese der Familie Wolliweiß. Alle Schafe suchen sich ein Plätzchen im Schatten, zum Ausruhen und Verdauen. Denn bis um zwölf Uhr haben Mama Wolliweiß, Papa Wolliweiß, Oma Wolliweiß, Opa Wolliweiß und all die anderen schon sehr viel Gras gefressen und auch viel Wasser getrunken. Der gute Hirte Florian trinkt auch meistens Wasser, genau wie seine Schäfchen. Nur nach dem Mittagessen - er isst natürlich nicht Gras, sondern so wie wir viele andere leckere Sachen - da trinkt der Hirte gerne ein Tässchen Kaffee. Immer dieselbe Tasse verwendet er dafür. Sie ist blau und hat weiße Wölkchen darauf: „Die erinnert mich an den blauen Himmel, der sich über mir ausspannt. Und der Himmel erinnert mich an meinen Vater im Himmel, der über mir wacht und mich liebt."

So spricht der Hirte, setzt sich in seinen Lieblingsstuhl und genießt Schluck für Schluck das heiße Getränk. Dann macht er seine Augen zu und lässt die Sonne auf sein Gesicht scheinen. Das ist sehr angenehm.

Der Pauli wird neugierig. Der Hirte hat die Tasse neben sich auf ein Stück Holz gestellt. Ist er eingeschlafen? Es sieht fast so aus. Pauli schleicht sich leise heran. Vielleicht hat Florian ja ein Schlückchen von diesem braunen Saft, den er Kaffee nennt, übrig gelassen? Ja,

da ist noch etwas in der blauen Tasse. Pauli steckt sein Mäulchen rein und schnuppert. Riecht irgendwie nicht so gut wie Wasser! Er streckt seine Zunge in den Kaffee und kostet. Brrrrr. Angewidert schüttelt er den Kopf. Gar nicht gut!

Dabei passiert es leider: Sein Mäulchen ist ja ziemlich groß für die Tasse und er kann es gerade eben reinstecken. Wie er nun den Kopf schüttelt, da hebt sich die Tasse, bleibt rund um sein Maul hängen und schüttelte sich so mit. Plötzlich löst sich die Tasse, fliegt los und kracht mit lautem Scheppern gegen die Wand des Schafstalles. Die Tasse ist aus Keramik, hält dem Aufprall nicht stand und zerbricht in vier Teile. Pauli erstarrt. Der Hirte wacht auf. Er sieht die Bescherung und blickt Pauli ungläubig an. Pauli schluckt: „Ich wollte nur ein bisschen kosten. Und es war eklig. Und da hab ich mich geschüttelt. Und die Tasse schüttelte mit und flog dann und…und….und…, nun ist sie kaputt. Uhuhuhuh. Es tut mir so leid! Das wollte ich nicht!"

Florian überlegt kurz. Sein kleiner Struwelpuwel-Pauli hat schon oft Unsinn gemacht. Aber er wollte ja nichts Böses tun, diesmal sicher nicht. Und einmal kosten ist ja nichts sooo Schlimmes, oder?

Deshalb legt der gute Hirte seinen Arm tröstend um den verzweifelten kleinen Pauli und brummelt: „Ist ja nicht so schlimm. Ich werde mir eine neue Tasse besorgen, die ist sicher genauso schön wie meine alte. Du brauchst nicht länger zu weinen! Alles wird wieder gut!"

Da ist der Pauli aber froh! Er legt seinen Kopf auf das Knie seines Hirten, seufzt noch einmal und meint dann: „Wasser vom Bach schmeckt echt viiiiiel besser!"

Der Hirte
malt ein Bild

Als es Abend wird und die Sonne immer tiefer sinkt, ist der Sommerhimmel in leuchtend orange Farbtöne getaucht. Orange, hellrot, dunkelblau, gelb..., die Wolken sehen wunderschön aus. Da beobachtet das kleine schwarze Schäfchen Pauli, wie der Hirte Florian in seine Hütte geht und etwas holt. Er kommt mit einer Schachtel heraus, die der Pauli noch nie gesehen hat. Der Hirte nimmt in seinem Lieblingssessel Platz und packt aus.

Ein Holzständer kommt zum Vorschein, ein weißes Blatt Papier und mehrere Tuben mit verschiedenen Farben. Florian findet auch die Pinsel, die er braucht, und dann beginnt er, die schöne Abendstimmung zu malen. Pauli sitzt hinter dem Hirten und schaut ganz fasziniert zu. Ohh! Da staunt Pauli aber! Langsam entsteht auf dem weißen Blatt ein Bild von dem Himmel vor ihnen. Wie gut der Florian das kann!

Da hat das schwarze Schäfchen eine Idee. Das Bild wäre doch perfekt, wenn in seiner Mitte ein schönes schwarzes Schaf zu sehen wäre,

genau so eines wie er es ist! Pauli tritt erhobenen Hauptes direkt in das Blickfeld seines Hirten und posiert dort in aufrechter Haltung. „Pauli, du bist ein bisschen im Weg. Könntest du bitte zur Seite gehen?"

Also so etwas! Kann der Hirte denn nicht sehen, dass er, der Pauli, eigentlich das Schönste in diesem Bild wäre? Pauli lässt den Kopf hängen und schlurft ein paar Schritte Richtung Wald. Eine Träne kullert aus seinem linken Auge. Ist er denn nicht ein wunderschönes Schäfchen? Viel schöner als der ganze Sonnenuntergang?

Dem guten Hirten Florian entgeht die Traurigkeit seines Struwelpuwel-Schäfchens nicht. Er ruft freundlich seinen Namen: „Pauli, was ist denn los? Komm zu mir!"

Da schlurft Pauli betont langsam wieder näher: „Ich wollte so gerne, dass du mich malst mit diesem schönen Himmel im Hintergrund! Aber du hast mich weggeschickt. Schnief."

Der Hirte nimmt ein neues Blatt aus seiner Schachtel: „Bin gerade fertig geworden und war auf der Suche nach einem neuen tollen Motiv! Da kommst du mir gerade recht! Ein Bild von meinem Pauli! Das ist eine geniale Idee!"

Pauli richtet sich wieder auf. Beleuchtet vom goldenen Abendlicht malt Florian den Struwelpuwel-Pauli mit seinem freundlichsten Gesicht. Es wird ein wirklich perfektes Bild und es bekommt einen Ehrenplatz im Stall. Dort, wo Mama Wolliweiß immer schläft. Willst du auch wissen, wie es dorthin gekommen ist? Das erzähle ich dir gerne in der nächsten Geschichte.

Ein Geschenk
für Mama Wolliweiß

Der gute Hirte Florian hat den Pauli wirklich sehr schön gemalt. Das schwarze Schaffell schaut so weich aus, dass man es fast streicheln will, wenn man das Bild betrachtet.

„Du, Florian", sagte der Pauli und betrachtet dabei das Meisterwerk, „das wäre doch ein perfektes Geschenk für Mama Wolliweiß. Glaubst du nicht auch, dass sie vor Freude so einen lustigen Mama-Luftsprung machen wird, wenn sie dieses Bild bekommt?" Der Hirte nickt, ja, das glaubt er wohl. Er holt eine schöne rote Schleife aus seinem Schrank und ein Stück Geschenkpapier mit roten und blauen Herzen drauf. „Oh, ist das wunder-wunderschön!", seufzt Pauli. Der Hirte packt das Bild ein, wirklich toll macht er das. Ein geniales Geschenk! „Komm, kleiner Struwelpuwel, wir suchen gleich deine Mama!"

Das lässt sich Pauli natürlich nicht zweimal sagen. „Mama!", brüllt er laut in den Abend hinaus. Und wie Mütter eben sind, hört Mama Wolliweiß ihr Söhnchen sofort. Sie kommt herbeigelaufen. Und da steht er nun, ihr Pauli, und übergibt ihr mit stolzem Gesicht das Päckchen.

„Mama, du bist die beste Mama auf der Welt und deshalb schenken Florian und ich dir... das hier!" Da passiert, was der Pauli vorhergesehen hat: Mama Wolliweiß macht einen Freudensprung mit allen vier Beinen zugleich. Das sieht ziemlich lustig aus bei einem Schaf, das kannst du mir glauben!

Dann packt Mama Wolliweiß das Geschenk aus und meint: „Mäh, mäh, das ist das schönste Bild, das ich jemals gesehen habe!"

„Ich bin ja auch ein sehr schönes Schaf", erklärt der Pauli, kichert fröhlich und freut sich
über die vielen Küsschen, die nun folgen. Gemeinsam bringen sie das Meisterwerk in den
Stall und Florian hängt es dort auf, wo Mama
Wolliweiß immer schläft. So, dass sie es immer
gleich anschauen kann, wenn sie morgens die
Augen öffnet.

Pauli will
Pfirsiche pflücken

Am oberen Ende der Schafweide steht ein schöner, großer Pfirsichbaum. Das schwarze Schäfchen Pauli hat beobachtet, wie sich im Frühling zuerst viele schöne Blüten bilden. Die Blüten werden dann zu kleinen grünen Pfirsichen, die immer weiter wachsen.

Einmal hat der Pauli so einen grünen Pfirsich gekostet. Aber dabei hätte er sich fast die Zähne ausgebissen, so hart war der, und er schmeckte scheußlich. Der Hirte Florian hat erklärt, dass Pauli noch warten muss. Pauli hat gewartet und gewartet. Die Pfirsiche wurden noch größer, dann zuerst gelb und seit ein paar Tagen sind sie auch schon ein bisschen rot. Es riecht angenehm süß nach Pfirsichen auf der Schafweide.

Pauli entscheidet, dass es nun an der Zeit ist, den allerbesten Pfirsich zu kosten. Leider hängt der allerbeste Pfirsich so hoch, dass das Schäfchen ihn nicht erreichen kann. Aber der Pauli hat ja immer eine Idee: Er erinnert sich an eine alte Apfelkiste, die er hinter dem Stall gesehen hat. Die holt er nun herbei. Das ist ganz schön mühsam, aber es klappt.

Pauli stellt die Kiste unter den Ast, an dem der schönste Pfirsich hängt. Er nimmt ein wenig Anlauf und springt dann mit allen vier Beinen zugleich auf die Apfelkiste. Geschafft! Er steht nun auf der Kiste, also um einiges höher als vorher. Wenn er nun seinen Hals ganz lang macht und sich so nach oben streckt, dann kann er sicher in den prächtigen Pfirsich rein-beißen. Er hat sich das gut überlegt, der Pauli.

Und als er in die reife Frucht beißt, ist das ganz köstlich und der süße Pfirsichsaft läuft sei-

nen Hals entlang - einfach himmlisch! Er gibt nun dem Pfirsich einen Ruck, damit er sich vom Ast löst. Für Paulis Gleichgewicht auf der Apfelkiste ist dieser Ruck allerdings gar nicht gut! Er beginnt zu wackeln, den Pfirsich hält er aber ganz fest zwischen den Zähnen. Da wackelt er noch mehr und, plumps, fällt er sehr unsanft auf den Boden neben der Kiste. Pauli verliert den Pfirsich und startet ein Schmerzensgeheul: „Ohhh, uhhh, ahhhh!"

Der Hirte Florian und auch Mama und Papa Wolliweiß eilen herbei. „Pauli, hast du dir weh getan?"

Aber der Pauli ist schon wieder aufgestanden: „Weh getan hat es schon, aber so schlimm war es dann auch wieder nicht. Könnt ihr mir bitte helfen, meinen leckeren Pfirsich zu suchen? Ich habe ihn hier verloren."

Alle lachen erleichtert und den Pfirsich finden sie auch. Es ist nicht der einzige, den Pauli verzehrt, denn der große Hirte Florian holt noch viel mehr köstliche Früchte vom Baum. Ihm schmecken sie nämlich mindestens genau so gut wie dem Pauli. Ich hoffe, es hat niemand Bauchweh bekommen an diesem Nachmittag!

Wie einmal der kleine Pauli gestohlen wird

Pauli ist schon ein ganz besonders liebes Schäfchen. Er hat ein so wollig weiches schwarzes Fell und wenn er mit seinen neugierigen Augen um sich blickt, dann muss man ihn einfach gern haben.

So geht es auch dem kleinen Jungen Felix, der seit neuestem immer zum Schafweidenzaun kommt und die Schäfchen beobachte. Der Hirte Florian hat ihn schon bemerkt und freundlich mit ihm geplaudert. Offensichtlich findet Felix die Gesellschaft der Schaffamilie einfach großartig. Da gerade Sommerferien sind, besucht er die Schaffamilie sehr oft. Mit der Zeit gewöhnen sich die sonst eher scheuen Tiere an Felix und kommen auch immer näher an ihn heran. Du kannst dir sicher vorstellen, wer sich als erster traut und an der Hand schnüffelt, die da durch den Zaun gestreckt wird. Der Pauli natürlich! Er ist einfach der Neugierigste von allen Schafen.

Auf der Hand liegen meistens einige sorgfältig gepflückte Löwenzahnblätter, die der Pauli gerne mag und deshalb genüsslich verspeist.

Einige Tage lang füttert Felix den Pauli immer wieder. Der fasst mit der Zeit so viel Vertrauen, dass er sich sogar gerne das Fell kraulen lässt.

Doch eines Tages kommt Felix mit einem kleinen Rucksack. Pauli schnuppert gespannt daran. Was da wohl drinnen ist? Felix zeigt es ihm. Es ist ein schmales schwarzes Hundehalsband mit einem Seil daran.

„Komm, mein Pauli, das steht dir sicher gut. Möchtest du ein wenig mit mir spazieren gehen?" Felix hat eine freundliche, sanfte Stimme. Und der Pauli hat nichts gegen einen kleinen Spaziergang einzuwenden! Das wird sicher sehr interessant werden! Felix legt das schwarze Band um Paulis Hals und führt ihn dann an dem Seil bis zum Tor. Er öffnet leise das Gatter. Pauli tritt neugierig auf die grüne Wiese draußen und als Felix zu laufen beginnt, saust das Schaf hinter ihm her. Immer weiter fort von der Weide und immer weiter fort vom Hirten. Felix ist ein kräftiger kleiner Junge und er kann sehr schnell rennen. Da schnauft der Pauli bald und ist ganz erschöpft. „Mäh, mäh, ich kann nicht mehr!", japst er. Doch Felix zieht ungeduldig an dem Seil: „Nun komm schon, Pauli, du sollst mit mir nach Hause kommen. Da kannst du wohnen und bekommst auch eine Riesenkarotte! Versprochen!"

Pauli bemüht sich. Aber seine kleinen Beine können einfach nicht mehr weiterlaufen. Er bleibt wieder stehen. Felix zieht an der Leine, so fest er kann. Pauli rutscht ein Stückchen auf seinem Popo hinter dem Jungen her und schüttelt dabei unwillig den Kopf.

„Komm jetzt endlich, du faules Schaf!" Felix wird wütend. Er sucht nach einem Stock. Er hat einen bösen Plan. Er will mit dem Stock den armen Pauli so fest schlagen, dass er doch

wieder aufstehen und mitgehen muss. Da hat er schon einen Stock gefunden, einen großen Stock. Felix hebt ihn auf.

„Wenn du nicht freiwillig mitkommst, dann hau ich dich!" Er zieht die Augenbrauen zusammen und blickt den schwarzen Pauli grimmig an. Pauli hat Angst. Er ist sogar richtig verzweifelt. Ein leises „Määäääääääh!" kommt noch aus seinem Mäulchen. Doch dieses „Mäh" ist laut genug, dass der Hirte Florian es hören kann. Der hat nämlich das offene Gatter entdeckt und sucht nun schon überall nach seinem Pauli. Er ist schon ganz nahe an die beiden Ausreißer herangekommen. Das kleine, verzagte „Mäh" von Pauli weist ihm nun den Weg.

„Pauli, da bist du ja!", ruft der Hirte erfreut und eilt zu seinem Schäfchen. Er bemerkt das Seil. „Felix", sagt er streng, „du wolltest doch nicht etwa meinen Pauli stehlen?" Felix lässt den Kopf hängen und sagt gar nichts.

„Ich glaube, wir sollten ein paar Worte miteinander reden. Kommt jetzt alle beide mit zum Schafstall. Dort bekommst du ein Glas Apfelsaft von mir, Felix, und dann besprechen wir die ganze Sache." Felix und Pauli folgen dem guten Hirten. Pauli ist einfach nur froh und so schnuppert er den ganzen Heimweg an der Hand seines lieben Hirten.

Felix will kein Dieb sein

„So, Felix, nun setzt dich erst mal hier auf meinen blaugestreiften Lieblingsstuhl!", so lädt der Hirte Florian den kleinen Jungen ein. „Ich merke wohl, dass du den Pauli nicht wirklich stehlen wolltest. Du hast ihn einfach gern, oder?"

Felix ist eigentlich ein sehr lieber Junge und kein wirklicher Dieb. Er schluckt und eine Träne rollt seine rote Wange hinab.

„Ich habe den Pauli so lieb und ich wollte ihn so gerne bei mir zu Hause haben", schluchzt er und wischt sich dabei die Träne weg. „Ich fühle mich oft so allein und da dachte ich mir, wenn ich ein Schäfchen in meinem Zimmer hätte, das wäre doch schön!"

Der Hirte blickt den Knaben freundlich an und streicht ihm über das blonde Haar. „Das verstehe ich schon, Felix, aber weißt du, der Pauli ist mein Schäfchen und das hier ist seine Schaffamilie. Er liebt sein Heubettchen, seine Mama Wolliweiß und all die anderen Schafe. Ich passe gut auf ihn auf und gebe ihm genug zu fressen. Bei mir ist er sicher und bei mir soll er auch bleiben."

Felix nickt und seufzt tief.

„Ich habe eine gute Idee, Felix! Der Pauli kann nicht zu dir nach Hause kommen. Aber du kannst jederzeit hierher zu uns kommen. Ich werde mit deiner Mama sprechen. Wenn sie es erlaubt, darfst du uns immer besuchen und mit dem Pauli und den anderen Schafen spielen. Du möchtest mir doch auch sicher helfen, die Tiere zu füttern und zum Wasser zu führen. Du, einen geschickten Helfer wie dich kann ich gut gebrauchen."

Hoffnungsvoll blickt der kleine Junge den Hirten an. Hat er gerade einen neuen Freund gefunden?

Florian lächelt und nickt, Pauli macht „Mäh, Mäh" und die anderen Schafe nähern sich der kleinen Versammlung. Da lächelt auch Felix und fühlt sich wunderbar getröstet.

„Du musst mir aber eines versprechen, Felix." Ernst blickt der gute Hirte in die Augen des Jungen: „Du darfst meine Schafe nicht schlagen. Ich habe nämlich gesehen, wie du einen großen Stock erhoben und gegen meinen Pauli gerichtet hast. Das darfst du wirklich nie wieder tun! Versprichst du mir das?"

„Ich verspreche es!" Felix nimmt sich ganz fest vor, sein Versprechen zu halten.

Felix hat ein Geschenk bekommen

An einem stürmischen Sommernachmittag kommt der blonde Felix wieder mal auf Besuch. Der Junge liebt die Schafherde des Hirten Florian. Ganz besonders gern hat er den kleinen schwarzen Pauli. Als er diesmal kommt, lächelt er sehr geheimnisvoll und winkt den Pauli gleich zu sich heran. „Komm, Pauli, ich muss dir heute unbedingt etwas zeigen!" Pauli ist ja immer neugierig. Also folgt er dem kleinen Jungen, den er nun schon so gut kennt. Felix setzt sich auf den blaugestreiften Lieblingsstuhl des Hirten. Die ganze Zeit schon hat er die Hand behutsam über seine Jackentasche gehalten. Es ist ja etwas kühl und der Wind bläst stark. „Da wirst du staunen, Pauli! Meine Mama hat mir etwas geschenkt!" Langsam greift Felix in seine Jackentasche und holt etwas kleines Zappeliges hervor. Es ist hellbraun und hat süße kleine Ohren und ein rosarotes Näschen.

Felix lässt das Tierchen auf seinem Schoß sitzen und streichelt das weiche Fell: „Das ist ein Hamster, Pauli. Der gehört jetzt mir. Ich werde für ihn sorgen und er darf in meinem Zimmer wohnen. Da habe ich nämlich einen Käfig für ihn. Auch ein Geschenk meiner Mama."

Pauli staunt. Vorsichtig schnuppert er an dem Hamster. Der macht sich ganz klein und duckt sich.

„Ihr werdet sicher noch Freunde werden. Doch nun musst du mir helfen, Pauli. Ich habe noch keinen Namen für meinen Hamster. Du hast immer so tolle Ideen! Wie könnte er denn heißen, was meinst du?" Fragend blickt der Junge seinen Schaffreund an.

Der grübelt und denkt nach. Er schaut in die schnell vorbeiziehenden Wolken und versucht, sich Namen auszudenken: „Also, mäh, mäh, wie wäre es mit Tarzan?"

Felix schüttelt den Kopf.

„Mäh, Stanislaus? Bärli? Kakadu?"

Der frischgebackene Hamsterbesitzer ist noch nicht zufrieden.

„Jetzt hab ich's! Molli wär gut, weil er so ein mollig weiches Fell hat."

Felix ist begeistert: „Und außerdem reimt es sich auf Wolli, und so heißt ihr alle ja: Wolli-weiß… Ich könnte meinen Hamster ja Mollimais nennen. Denn Mais frisst er besonders gern!"

Pauli und Felix kichern: „Wolliweiß, Mollimais". Und sie beginnen zu singen:

Wolliweiß, Mollimais bilden einen Freundeskreis!
Wolliweiß, Mollimais bilden einen Freundeskreis!

Pauli
und der Marienkäfer

Pauli ist wie fast immer bester Laune! Ein neuer Tag, ein neues Abenteuer! Er springt auf seine schwarzen Schafbeine und läuft raus aus dem Familiengemeinschaftsstall. Mmmmmh, frische Luft und Sonnenschein! Kein Sturm, nur ein sanfter, warmer Wind. Pauli hüpft fröhlich hin und her und bestaunt dabei all die neuen Blumen, die an diesem Morgen aufgeblüht sind. Manche schmecken auch wirklich lecker. Für ein Schaf sind nämlich einige Blumensorten wie Gummibärchen für dich: Einfach echt gut und eine Freude für das Bäuchlein!

Da entdeckt Pauli einen wunderschönen Käfer! Er sitzt auf einem leckeren Löwenzahn. Seine zwei kleinen Flügel sind strahlend rot und haben je drei schwarze Punkte drauf. Zart sind die schwarzen Fühler und die kurzen Beinchen.

Als Pauli näher tritt, erhebt sich der Marienkäfer in die Luft und fliegt ein paar Meter weiter zu einem Gänseblümchen. Pauli beobachtet, wie er die fast durchsichtigen Innenflügel zusammenfaltet und sie unter den roten Außenflügeln verschwinden. Das klappt ja ganz wunderbar, fast wie automatisch. Dabei sehen diese Flügelchen so zerbrechlich und dünn aus. Pauli staunt.

Er läuft zu seinem guten Hirten Florian, ruft ihn mit einem lauten „Mähhhhh" und quasselt los: „Hirte Florian, hast du schon mal einen Marienkäfer starten und landen gesehen? Das ist einfach genial! Das musst du dir auch ansehen!"

Der gute Hirte nickt freundlich. Er freut sich, dass Pauli so begeistert ist. Und er freut sich über seinen himmlischen Vater, der alles so einzigartig wunderbar geschaffen hat. Sogar die kleinen Marienkäfer.

Hast du eigentlich schon mal so ein Marienkäferchen beim Starten und Landen beobachtet? Das musst du unbedingt einmal machen!

Pauli
und Constanza

Pauli wacht an diesem Morgen früher auf als sonst. Gerade noch hat er von mindestens hundert rot-schwarzen Marienkäfern geträumt, doch nun ist er voller Energie und springt auf seine Schafbeine! Es ist noch nicht ganz hell, aber auch nicht mehr ganz dunkel. Pauli kann die anderen Schafe sehen, wie sie friedlich schlafen und träumen. Papa Wolliweiß schnarcht leise vor sich hin.

Da hört Pauli ein Geräusch. Ein weiches Trippeln. Er öffnete vorsichtig die Stalltür und blickt hinaus. Zuerst kann er nichts Besonderes erkennen. Doch dann hört er wieder dieses Trippeln und dazu ein feines Summen: Ein Liedchen, gesungen von einer zarten Stimme weit weg.

Dann sieht er es. Dort am Waldrand. Es muss ein kleines Hasenmädchen sein, denn in der Morgendämmerung kann er zwei lange Ohren an einem kleinen Köpfchen erkennen und, seltsam genug, ein rosarotes Ballettröckchen. Das muss das Hasenmädchen wohl bei den Menschenkindern gefunden haben. Doch das Häschen hoppelt nicht am Boden herum, so wie andere Hasen das machen. Es steht auf den Hinterpfoten, aufrecht, wie ein Menschenkind.

Pauli nähert sich zaghaft. „Das interessiert mich, struwelpuweley!" Das Hasenmädchen

bemerkt Pauli nicht. Eine wunderschöne Melodie ist es, die das Hasenmädchen da summt und es bewegt sich dazu sehr anmutig im Takt. Ein zauberhafter Tanz im ersten Sonnenlicht.

„Du kannst aber schön tanzen!", lobt unser schwarzes Schäfchen das Hasenmädchen. Da zuckt es zusammen und hoppelt schnell hinter einen großen Baum.

„Nicht weglaufen! Ich bin doch nur der Pauli! Ich tu dir nichts!" Ein kleines Stupsnäschen wird hinter der Baumrinde sichtbar. „Nur Mut! Ich finde schön, was du hier gemacht hast!" Pauli tritt einen Schritt näher.

„Wieso bist du denn schon munter? Um die Zeit bin ich doch sonst immer alleine hier. Ich übe so gerne tanzen!", flüstert das Häschen. „Du darfst mich nicht verraten! Alle anderen Hasen lachen über mich. Sie finden Haken schlagen gut und Gräser suchen. Aber tanzen finden sie doof. Ich mag aber tanzen. Ich mag Musik. Ich mag mein Ballettröckchen."

Pauli legt sich ins grüne Gras. Erwartungsvoll blickt er auf das Hasenmädchen. „Mir gefällt dein Tanz. Er macht mich fröhlich. Darf ich zusehen?"

Das Hasenmädchen nickt und beginnt dann ein neues Liedchen zu summen. Dann dreht es sich und hüpft mal nach links und mal nach rechts. Es hebt die Pfoten und streckt sich nach oben. Es schließt dabei die Augen und wiegt sich im Takt seines Liedes.

Pauli bewundert es. Das Hasenmädchen kann das richtig gut. So schnell hat er eine neue Freundin gefunden! Und dabei sind die anderen Schafe noch nicht einmal aufgewacht.

„Ich heiße Pauli. Und wie heißt du?"

„Ich bin Constanza."

Pauli und Constanza tanzen

Pauli freut sich so, dass er eine neue Freundin hat! Constanza ist ein absolut entzückendes Hasenmädchen, mit hellbraunem Fell und dunklen fröhlichen Augen. Constanza kann sehr flink laufen, wie das eben bei fast allen Hasen so ist.

Besonders gern kommt sie zu Pauli auf Besuch, um mit ihm Fangen zu spielen. Immer wenn Pauli ihr schnaufend ganz nahe kommt und sie schon fast berührt, schlägt sie einen raschen Haken und verschwindet kichernd in eine ganz andere Richtung. Pauli muss energisch abbremsen, und mehr als einmal ist er dabei fast hingefallen. Sie ist eben unglaublich schnell, seine Freundin Constanza. Und sie tanzt unglaublich schön.

Nun hat Pauli einen geheimen Wunsch: Er möchte auch so gerne ein wenig tanzen lernen. Es sieht ja auch gar nicht so schwer aus. Constanza wiegt sich im Takt eines Liedes hin und her. Ganz anmutig hüpft sie mal dahin und mal dorthin und dreht sich schwungvoll um sich selbst.

Bestimmt hast du auch schon einmal getanzt, einfach nur zu deinem eigenen Vergnügen. Und das möchte der Pauli eben auch. Aber er wünscht sich zu seinem ersten Tanzversuch auch eine ganz besondere Musik. Deshalb kuschelt er sich an diesem Nachmittag an seinen guten Hirten Florian und flüstert: „Wenn die Constanza heute zu Besuch kommt, kannst du dann deine Holzflöte auspacken und mein Lieblingslied darauf spielen? Bitte!"

„Aber gerne doch, mein kleiner Struwelpuwel-Pauli", antwortete der Hirte. Pauli hüpft fröhlich davon und freute sich auf seine Hasenfreundin.

Als die Sonne hoch steht und ihre warmen Strahlen auf die Schafweide sendet, trifft Constanza ein und Pauli begrüßt sie sogleich mit einem lauten: „Mäh, mäh!"

Seite an Seite laufen sie zu Florian. Der lächelt und holt mit einem vielsagenden Zwinkern die selbstgeschnitzte Flöte aus seiner großen Manteltasche. Er schließt für einen Moment die Augen, holt dann tief Luft und beginnt eine wunderschöne Melodie zu spielen. Constanza ist entzückt und beginnt sofort zu tanzen. Pauli macht es ihr nach, so gut er es eben kann. Das sieht bei ihm nicht ganz so elegant und leichtfüßig aus. Aber das ist ihm ganz egal!

Die Musik ist so beschwingt und der Nachmittag so strahlend, dass sein Tanz ein großes Dankeschön wird: Ein Danke für sein Leben, ein Danke für den lieben guten Hirten, ein Danke für seine Freundin Constanza, ein Danke für die duftenden Blumen und den blauen Himmel.

Pauli und Constanza tanzen bis das Lied zu Ende ist. Dann lassen sie sich erschöpft ins saftig grüne Gras fallen und strecken ihre Beine in die Luft. Da klatscht der Hirte Florian begeistert in seine Hände, weil ihm der Tanz so gut gefallen hat.

Mama Wolliweiß
macht sich Sorgen

Mama Wolliweiß betrachtet ihren kleinen Struwelpuwel-Pauli. Er ist ein so schönes, wunderbares Schäfchen und sie hat ihn wirklich sehr lieb. Aber er ist immer so neugierig und abenteuerlustig. Sie macht sich Sorgen. Was wäre, wenn ihm etwas passieren würde? Sie zieht die Stirn in Falten und denkt an all die schrecklichen Dinge, die vielleicht passieren könnten. Wie dunkle Wolken über den Himmel ziehen, so wird ihr Herz immer betrübter durch all die Sorgen. Der Hirte Florian bemerkt, dass Mama Wolliweiß so unglücklich aussieht. Er setzt sich neben sie ins Gras und meint: „Mama Wolliweiß, erzähl doch, was bedrückt dich?" Sie erzählt, Florian nickt und versteht.

„Es stimmt natürlich, dass der Pauli sich immer wieder in Gefahr begibt. Aber du kannst mir vertrauen, Mama Wolliweiß. Ich passe auf den Pauli auf. Ich bin doch sein guter Hirte. Glaube mir: Er hat ein gutes Herz und hört auf mich."

Ja, der Hirte ist stark und gut. Mama Wolliweiß hebt ihren Kopf und als sie Florian ansieht, fliegen die Sorgen weit fort.

Ich bin dein Hirte,
mein Blick ruht auf dir,
ich kraule dein Köpfchen,
dabei denk ich mir:

Ich hab dich so lieb,
du bist nie allein.
Dein Helfer, dein Tröster
will ich für dich sein!

Pauli
und die Hornisse

Der Sommer ist nun richtig heiß geworden. Das Gras auf der Weide um den Stall ist schon fast aufgefressen und sehr trocken. Deshalb zieht der Hirte Florian nun mit allen seinen Schafen los. Er weiß, wo es frisches Gras gibt: Am Ufer des glucksenden, kühlen Baches. Hierher führt der Hirte Florian den Pauli und seine Schaffamilie, denn das Gras ist an diesem Ort besonders saftig und einfach köstlich.

Die Schafe fressen und Florian ruht im Schatten eines großen Baumes, den Kopf an den breiten Stamm gelehnt. Da hört Pauli auf einmal ein lautes Summen. Ein so lautes Summen hat er noch nie gehört. Er blickt aufmerksam rund um sich. Nichts Besonderes zu sehen. Da ist es aber schon wieder! Summ, summ! Pauli entdeckt etwas Schwarzgelbes auf dem Strauch einige Schritte weiter. Vorsichtig schleicht er sich an. Ja, von dort kommt das Summen.

Wau, das ist ja ein riesiges Insekt. Es sieht aus wie eine Wespe, nur viiiiiel größer! Pauli nähert sich leise mit Minischritten. Näher, noch näher. Das Insekt bewegt sich nicht.

Meinst du, es ist eine gute Idee, ein so großes Insekt mit einem Grashalm zu kitzeln? Nein, nicht wahr?

Genau das tut der Pauli aber jetzt. Er möchte einfach so gerne wissen, ob das Insekt fliegen kann. Er ist wirklich sehr neugierig. Wie er also mit einem großen Grashalm den schwarzgelben Bauch des Insekts berührt, da fliegt das Insekt plötzlich hoch und sticht ganz schnell in das linke Ohr des armen Pauli.

Aua, tut das weh! „Määääääh! Määäääh!" Pauli läuft so schnell er kann zum Hirten Florian. „Eine Riesenwespe hat mich gestochen! Auweh, auweh! Schau mal mein linkes Ohr an!"

Das Ohr beginnt anzuschwellen, ist nun schon um einiges größer als das rechte Ohr.

„Komm, Pauli", sagt der Hirte, „wir laufen zum Bach und springen hinein. Kühlung wird dir gut tun!"

Das ist wirklich ein guter Rat! Pauli stürzt sich ins Wasser und hält den Kopf schief, sodass sein linkes Ohr ins Wasser hängt. Ahh, das nimmt den Schmerz ein wenig weg!

„Pauli, das wird wohl eine Hornisse gewesen sein. Aber keine Angst, das wird schon wieder gut! Bleib du im Wasser, ich suche ein paar Blätter vom Spitzwegerich. Der grüne Saft hilft auch."

Florian sucht die Pflanze und als Pauli wieder aus dem Wasser gekommen ist, drückt Florian etwas Saft auf das Ohr seines Schäfchens. Der Schmerz lässt allmählich nach, aber für einige Stunden sieht Pauli noch ziemlich lustig aus, mit einem normalen und einem dicken Ohr! Pauli ist so froh, dass der Hirte Florian ihm gleich so gut geholfen hat!

Ein Lied
für Mariechen

Es ist heiß. An dem schönen, kühlen Bach haben die Schafe schon fast alles Gras gefressen. Doch auf der anderen Seite des Baches, dort ist auch noch ganz viel grünes, saftiges Gras! Das sieht auch der Hirte Florian. „Dort drüben gibt es gutes Futter für euch! Kommt, wir schwimmen durch den Bach! Das ist gar nicht so schwierig! Ich stelle mich in die Mitte des Baches und ihr schwimmt einfach einer nach dem anderen ans andere Ufer! Wer will als Erster?"

„Ich, ich, mäh, mäh, ich bin das beste Schwimmschaf der Welt!", so meldet sich gleich der Pauli.

„Gut, Pauli, dann komm mal ins Wasser. Ja, so machst du das gut!" Pauli findet das Schwimmen richtig lustig. Schon hat er das andere Ufer erreicht und schüttelt sich das kalte Wasser aus dem schwarzen Fell.

Einer nach dem anderen schwimmen die Schafe nun über den Bach. Mariechen wartet bis zum Schluss. Sie traut sich nicht. Wirklich nicht. „Mäh, mäh, der Bach sieht so tief aus und sooo gefährlich!" Fast fängt sie an zu weinen.

Der Hirte merkt, wie viel Angst Mariechen hat. Da stapft er aus dem Wasser, nimmt sie auf seine starken Arme und trägt sie ans andere Ufer. Dabei singt er ihr ein Lied vor und das geht so:

Du bist mein besonderer Schatz,
ich helfe dir.
Du bist mein besonderer Schatz,
bleib nur ganz nah bei mir!

Die ganze Schaffamilie freut sich, als der Hirte mit dem Mariechen auf dem Arm die Steine am anderen Ufer hochklettert.

Und dann gibt es ein richtiges Festmahl, so lecker ist das Gras dort! Erst als alle richtig satt sind, begleitet der Hirte sie zurück in ihren Stall.

Der Hirtenstab

Der Hirte Florian sitzt auf seinem blaugestreiften Lieblingsstuhl. Langsam wird es Herbst. Die ersten Blätter fallen von den Bäumen. Trotzdem kann man draußen sein und das schöne Wetter genießen. Florian hat sein scharfes Schnitzmesser in der Hand und schnitzt an seinem großen Hirtenstab, den er zwischen den Knien eingeklemmt hat. So arbeitet er sorgfältig und konzentriert.

Das kleine schwarze Schäfchen Pauli tritt neugierig näher. Als Pauli nun den Hirtenstab genauer betrachtet, sieht er seltsame Formen und Zeichen. Florian ritzt gerade mit seinem Messer ein kleines Bild in das Holz des Stabes. Er blickt auf: „Na, wie geht's, kleiner Struwelpuwel?" Pauli legt den Kopf schief und fragt: „Mäh, Mäh, was machst du denn da?"

Der Hirte legte seine Hand auf Paulis Kopf. Dann dreht er den Stab so herum, dass Pauli die kleinen Bilder und Zeichen sehen kann, die überall in das Holz geschnitzt sind.

„Mein lieber Pauli, sieh mal, hier habe ich die Hornisse eingeschnitten. Weißt du noch, wie sie dich gestochen hat und ich mit dir im kalten Wasser gestanden bin?" Pauli nickt. „Sicher, mäh, mäh!"

Florian zeigt auf eine andere Stelle: „Und kannst du dich noch daran erinnern, wie Felix dir ein Halsband umgebunden und dich einfach mitgenommen hat? Ich habe dich wieder gefunden. Diese Geschichte habe ich hier eingeschnitzt."

Pauli nickt und seufzt dabei.

„Und hier habe ich auch den schönen Regenbogen eingeritzt. Weißt du noch? Wie schön er war und wie du voller Freude unserem Vater im Himmel gedankt hast?"

Ja, Pauli kann sich gut erinnern.

„Das ist mein ‚Weißt du noch-Stab'. Er erinnert mich immer daran, dass unser Vater im Himmel bei uns ist. Wenn ich dann mal Angst habe oder nicht mehr weiter weiß, dann nehme ich diesen Stock fest in meine Hand und richte meinen Blick nach vorne. Ich bete und weiß: Ich darf voller Zuversicht sein. Der Vater im Himmel ist da!"

Pauli bewundert seinen guten Hirten. Er ist einfach so klug und weise. Und so ein toller Künstler obendrein.

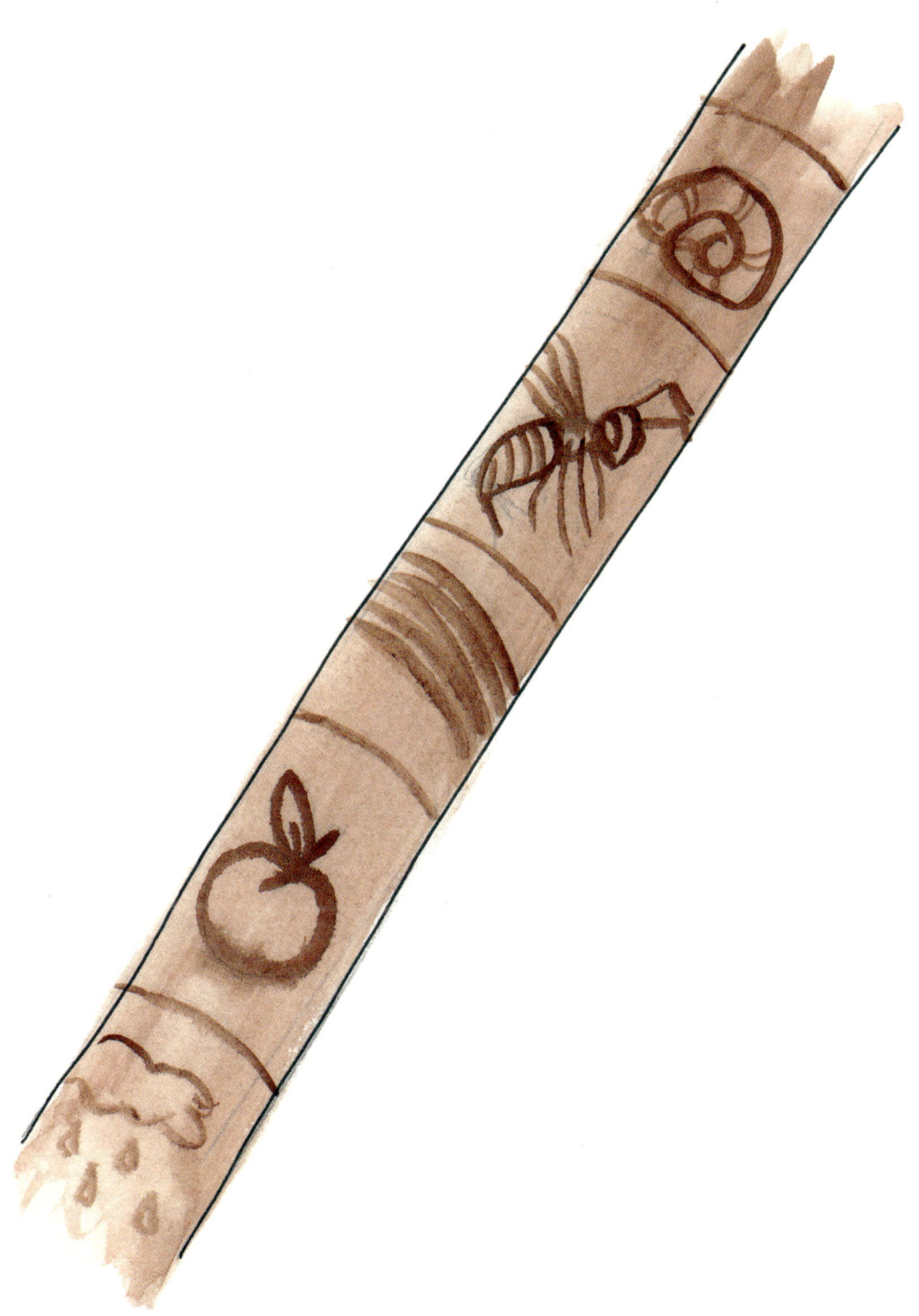

117

Pauli
bleibt wach

Manchmal mag Pauli gar nicht gerne schlafen gehen. Es gibt doch so viel zu entdecken und außerdem spielt er so gerne! Schlafengehen ist irgendwie lästig.

Deshalb beschwert sich Pauli beim Hirten: „Mäh, mäh, struwelpuweley! Ich will heute nicht schlafen gehen. Wach sein ist viel besser!"

Da nickt der Hirte Florian bedächtig und schmunzelt. „Pauli, damit du morgen wieder so fröhlich herumspringen und spielen kannst, brauchst du neue Kraft. Die bekommst du im Schlaf geschenkt. Ja, ja, so ist das."

„Ich brauche keine neue Kraft! Ich bin auch so stark genug!", behauptet der Pauli energisch und bleibt einfach auf seinem Strohbettchen stehen. „Mäh, mäh! Ich will mich auf keinen Fall hinlegen!"

Da denkt der Hirte nach und meint dann: „Nun gut. Dann bleibst du eben wach. Du darfst aber nicht mehr rausgehen. Denn draußen ist es in der Nacht zu gefährlich für dich. Und du musst leise sein, denn sieh mal, das Mariechen schläft schon. Auch Opa Wolliweiß sind schon die Augen zugefallen. Also, psssssst."

„Struwelpuweley, ich darf wach bleiben! Das hätte ich mir gar nicht gedacht."

Pauli freut sich. Er knabbert am Stroh und betrachtet die anderen schlafenden Schafe. Er bleibt still stehen und knabbert noch etwas Stroh. Papa Wolliweiß beginnt leise zu schnarchen. Mariechen zappelt mit den Beinchen. Sie träumt wohl gerade von einem Wettrennen. Pauli knabbert weiter Stroh.

Irgendwie fühlen seine Beine sich so komisch an. Wenn er sich niederlegen würde, dann würden sie sich wieder richtig gut anfühlen, das weiß er. Naja, er kann ja auch liegen und trotzdem wach bleiben.

Pauli lässt sich ins weiche Stroh fallen. Ah, das ist gut. Er betrachtet weiter die ganze schlafende Schaffamilie. Da werden ihm auf einmal die Augenlider schwer. Er denkt sich: „Ich kann ruhig meine Augen einmal kurz zu machen und ein bisschen nachdenken."

Das tut der Pauli und beim Nachdenken ist er
dann ganz schnell eingeschlafen...

Ist es jetzt auch Zeit für dich zu schlafen? Oder darfst du noch spielen oder zeichnen oder deine Oma besuchen? Auf jeden Fall muss ich mich nun von dir verabschieden. Es hat mir große Freude gemacht, dir von Pauli, von seiner Familie und dem guten Hirten Florian zu erzählen! So sage ich dir: „Winke-winke und bis bald!" Denn ich hoffe, dass ich bald wieder neue Geschichten aufschreiben darf. Vom Pauli-Struwelpuwel gibt es ja noch sooo viel zu berichten!

Möchtest du zum Schluss noch ein großes Geheimnis wissen? Ja? Gut, ich verrate es dir:

Auch du hast einen guten Hirten. Er hat dich lieb, er passt auf dich auf und hilft dir gerne, genau wie der Hirte Florian. Aber er hat einen anderen Namen. Den schönsten Namen der Welt. Er heißt Jesus.

Birgit Minichmayr

Bis bald!

Birgit Minichmayr

Pauli macht Urlaub

Buch 52 50114

Pauli ist ein ganz besonderes liebes Schäfchen: neugierig, fröhlich,
abenteuerlustig. Vielleicht ist er ja auch ein bisschen so wie du! Jedenfalls hat er eine tolle Familie und einen guten Hirten, der immer für ihn
da ist. Eines Tages darf er sogar eine kleine Urlaubsreise machen: das
findet Pauli natürlich „struwelpuwel-cool"!

Auch als Hörbuch erhältlich!
CD 52 00114

Erhältlich im Buchhandel oder direkt bei:
cap-books • 72221 Haiterbach-Beihingen • Tel.: 07456-9393-0
info@cap-music.de • www.cap-music.de

Birgit Minichmayr

Alle mögen Pauli

Buch 52 50115

Weihnachten kommt immer näher. Auch die Schäfchenfamilie spürt das, Pauli ist schon ganz aufgeregt, und der gute Hirte Florian hat eine Überraschung vorbereitet!

Die Fortsetzung der Pauli-Geschichten! Zum Vorlesen und Lesen. Ein Buch für die Kleinen. Mit vielen Illustrationen. 20 Schäfchengeschichten für Kinder ab 3 Jahren.

Auch als Hörbuch erhältlich!

CD 52 00115